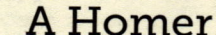A Homer

CONSTRUCCIONES ANIMALES

EMILIA DZIUBAK

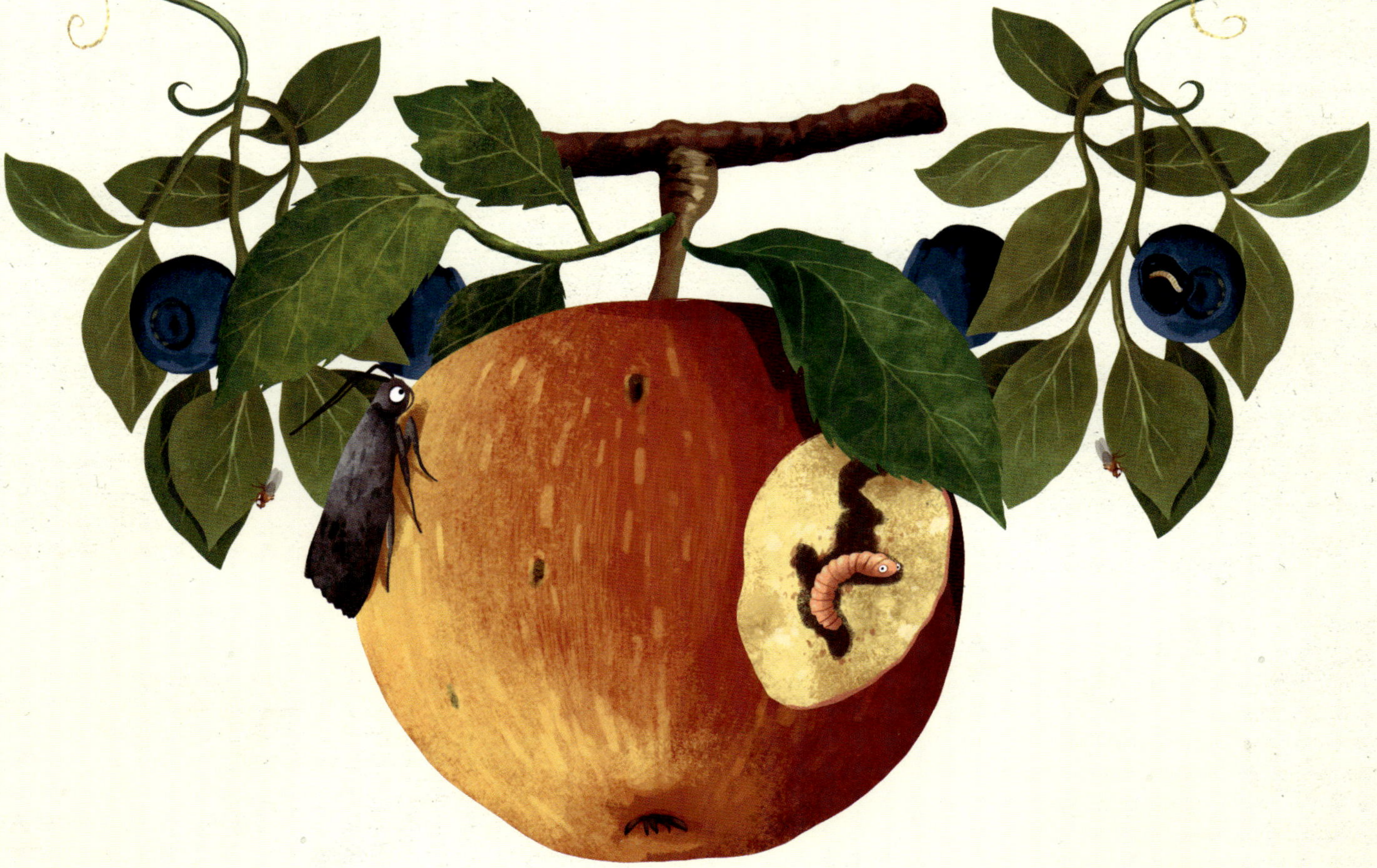

Flamboyant

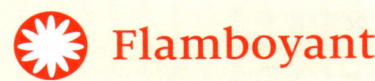

ÍNDICE

Tipos de construcciones 04
Materiales de construcción 06
Nidos abiertos 08
Nidos cerrados 12
Nidos de gran formato 14
Nidos escondidos 16
Carpintería de subsistencia 18
Comunidades tejidas 20
Nidos de saliva 22
Diseño de interiores 24
Alfarería y otras artesanías 26
Puentes y caminos 30
Casas esculturales 34

Hilar muy fino	36
A cuestas	40
Casa camuflaje	42
Apartamentos sin vistas	44
Memorias del subsuelo	48
Construcciones acuáticas	50
Hincando el diente	52
Casas a disposición	54
Casas provisionales	56
Fuente de inspiración	58
Bajo el mismo techo	60
¿Quién vive en el bosque?	62

TIPOS DE CONSTRUCCIONES

En el reino animal, igual que entre los humanos, podemos encontrar especialistas en diversos campos. Aquí nos centraremos en los maestros de la arquitectura, diseñadores, ingenieros, constructores y albañiles. Conoceremos metrópolis subterráneas inusuales, construcciones sobre el suelo, nidos modestos y unifamiliares, así como urbanizaciones grandes y extensas, e incluso casas sobre el agua. Los animales son constructores realmente astutos e inteligentes.

Fíjate en los dibujos que hay en los guijarros junto a los tipos de casas y edificaciones. Se repetirán a lo largo de todo el libro para que sepas con facilidad de qué tipo de casa estamos hablando en cada caso. Los guijarros de la parte superior de cada página sirven para todas las construcciones representadas en un mismo apartado, salvo para aquellas señaladas de manera diferente con su propio guijarro.

Sobre el suelo

Subterráneas

Aéreas

MATERIALES DE CONSTRUCCIÓN

Árboles y madera

Rocas y piedras

Hojas

Briznas de hierba, fibras vegetales y semillas plumosas

Barro y arcilla

Musgos y líquenes

Conchas

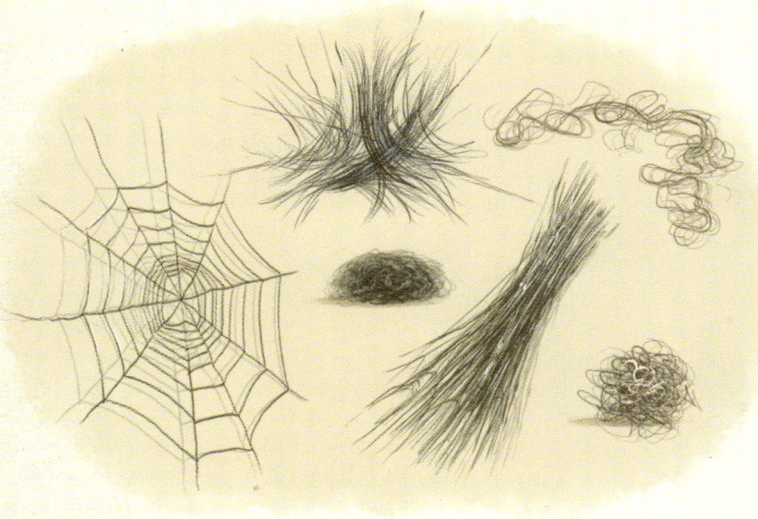

Telarañas

Arena y tierra

Saliva

Objetos humanos abandonados

Plumas, plumón, pelo

NIDOS ABIERTOS

JILGUERO EUROPEO

El nido del jilguero europeo, ubicado en lo alto de una rama, está hecho de raíces diminutas, briznas de hierba y fibras vegetales intercaladas con pelusa vegetal y lana. El forro está compuesto de vello, pelo y plumas finas.

PETIRROJO EUROPEO

Los petirrojos europeos construyen sus nidos en el suelo, en una cavidad protegida por la vegetación. Para ello utilizan hojas podridas, fibras vegetales y musgo. Revisten el interior del nido con pequeñas raíces y pelo.

RUISEÑOR RUSO

Los ruiseñores rusos construyen el nido en el suelo o debajo de los arbustos con hierbas secas, tallos leñosos y hojas podridas. Acolchan delicadamente el interior del nido con hierba y raíces.

CORNEJA CENICIENTA

Los nidos de las cornejas cenicientas, realizados con ramitas recién rotas y dispuestas tupidamente, se encuentran en lo alto de las copas de los árboles. Sus interiores están cubiertos con arcilla, hilo y tierra con la adición de pasto y musgo, y revestidos con hierba seca y pelo.

OROPÉNDOLA EUROPEA (ORIOL)

Construyen sus nidos en lo alto de los árboles, en una bifurcación de las ramas. Tienen forma de cestas tejidas con hierbas secas, fibras vegetales, trozos de corteza de abedul y lana. El forro es de pasto y plumas.

CARRICERO TORDAL

Forman nidos suspendidos sobre la superficie del agua, entrelazando apretadamente hebras estrechas de hojas de carrizo con otras fibras vegetales, a veces con hilos y telarañas. Sujetan los nidos enredando sus paredes a los tallos jóvenes de carrizo. El revestimiento lo hacen de espiguillas.

COLIRROJO TIZÓN

Emplazan sus nidos debajo de los aleros, en las grietas de las paredes, para darles protección desde arriba. Los forman con hierbas, tallos y raíces. Forran el interior con una capa gruesa de plumas y pelo.

GOLONDRINA COMÚN

A las golondrinas les gusta vivir dentro de los edificios, bajo el techo de un establo, de un granero, a veces bajo un puente. Hacen nidos de barro mezclado con estiércol y saliva, y los fortalecen con briznas de hierba o paja. Una vez seco, recubren su interior con plumas, pelo y cerdas.

ZUNZUNCITO

Los zunzuncitos miden cinco centímetros de altura y son los pájaros más pequeños del mundo. Construyen sus diminutos nidos de fibras vegetales y musgo reforzados con telarañas, y tapizados con plumón, pelo y hebras. Construir el nido, igual que incubar los huevos y cuidar de los polluelos, es trabajo exclusivo de las hembras.

ÁGUILA CALVA (AMERICANA)

Sus nidos son unos de los más grandes construidos por aves. Pueden alcanzar varios metros de altura y de ancho, y pesar más de una tonelada. Las águilas anidan en lo alto de árboles enormes y viejos, a menudo cerca de un cuerpo de agua. Realizan los nidos con ramas gruesas. Son poco profundos y están revestidos de ramitas mezcladas con hierbas, corteza y pelusa. Sirven a sus inquilinos durante varios años. Debido a su peso y ubicación en la copa de los árboles, a menudo se ven dañados por tormentas o vientos. De media, las águilas reconstruyen sus hogares cada cinco años.

BÚHO REAL

Les gusta ocupar los nidos de otras aves grandes (cigüeñas negras, buharros o águilas), ubicados en las coronas de las coníferas. Revisten la estructura existente con hierba seca, hojas y musgo. A veces, construyen sus propios nidos en recovecos rocosos o en los hoyos descubiertos por las raíces de un árbol volcado por el viento. El búho acolcha las depresiones poco profundas del nido con ramitas, hierba y musgo, y, con el tiempo, con el pelo y las plumas de sus presas.

CIGÜEÑA BLANCA

Eligen lugares elevados, como postes de electricidad, chimeneas o árboles grandes. Sus nidos tienen una característica forma orbicular. Están formados por ramas largas y secas dispuestas en capas, intercaladas con ramitas más finas. La depresión de tamaño considerable está forrada con una capa gruesa de heno, paja, a veces papel, hilo o trapos. Las cigüeñas utilizan sus nidos durante muchos años y los amplían cada año, principalmente hacia arriba.

JACANA AFRICANA

Sus nidos flotan en el agua y tienen una estructura simple: son unas plataformas planas hechas a base de plantas sueltas. Solo los machos incuban los huevos y únicamente ellos cuidan a los polluelos.

ÁGUILA PESCADORA

Les gusta anidar en las copas de árboles viejos, principalmente pinos. Para la construcción, utilizan ramas gruesas y dispuestas de forma apretada. Forran la depresión poco profunda con hierba seca, musgo y corteza, y a menudo con restos de pescado. A veces, eligen los bordes de acantilados verticales o postes eléctricos para construir su residencia. También ocupan de buen grado nidos artificiales hechos por personas, que los animan de esta forma a instalarse en nuevos lugares. El águila pescadora utiliza su nido año tras año, arreglándolo cada temporada y añadiendo una capa nueva.

NIDOS CERRADOS

Los chochines construyen sus nidos esféricos ajustando muy estrechamente grandes hojas secas y musgo verde. Por lo general, esconden los nidos cuidadosamente en píceas jóvenes y enebros, en montones de ramas secas o en los hoyos descubiertos por las raíces de un árbol derribado. El acolchado del interior es de pelo y plumas pequeñas.

CHOCHÍN COMÚN

SASTRECILLO COMÚN

Usan sus picos como agujas y perforan los bordes de dos hojas grandes que crecen juntas para coserlas con hilo hecho de fibras vegetales, plumón y telarañas. A veces, enrollan o enredan una sola hoja grande. De esta manera, las hojas poco dañadas permanecen verdes y vivas, escondiendo en su interior los nidos, recubiertos con fibras vegetales.

ERMITAÑO GUAYANÉS

Las hembras de esta especie de colibrí construyen nidos de fibras vegetales y telarañas en el extremo de la parte inferior de una hoja grande, por ejemplo, de plátano o de heliconia. Una parte del trabajo se realiza en vuelo: envuelven sus nidos con una telaraña, volando a su alrededor con el extremo del hilo en el pico. Los nidos tienen forma alargada y sus largas «colas» colgantes los estabilizan cuando sopla el viento.

HORNERO COMÚN

Anidan en troncos, ramas de árboles, postes y, a veces, en los techos de edificios. El macho y la hembra construyen juntos el nido, utilizando lodo mezclado con pasto y fibras vegetales. Sus paredes son gruesas y, una vez secadas por el sol, duras como la piedra. La estructura se asemeja a un vaso cerrado con una pequeña abertura en el costado. Las hembras recubren el interior con hierba y plumas. Aunque los nidos son muy duraderos, una pareja de horneros construye cada año uno nuevo.

PICATARTES CUELLIBLANCO

Sus nidos, adosados a las paredes de las cuevas o rocas, tienen forma de un cuenco cerrado con una entrada estrecha en la parte superior, junto a la pared. Lo construye una pareja de pájaros con una mezcla de lodo y fibras vegetales, y lo tapiza con hebras y raíces. A veces reparan y reutilizan los nidos antiguos. Suelen formar colonias pequeñas.

MITO

Los principales componentes de sus nidos son el musgo y las fibras vegetales. Este pájaro enmascara su casa, cubriéndola con jirones de líquenes y de telarañas. Inicia la construcción en la parte inferior y forma un característico nido en forma de huevo, que termina con una abertura. Recubren el interior con una capa gruesa de pequeñas plumas.

MOSCÓN EUROPEO

Forma nidos con tiernas fibras vegetales entretejidas con pelusa de álamo y sauce. A principios de primavera, en la estructura del nido predominan fibras que le otorgan un color gris. A finales de la misma estación, en cambio, el material que predomina es la pelusa, por eso los nidos son blancos. Las casas penden de las ramas colgantes del sauce o del álamo. Primero, el pájaro construye una estructura saquiforme, a la que agrega un embudo de salida en la parte superior.

REINITA HORNERA

Las hembras construyen los nidos, generalmente en el suelo, escondidos entre las hojas caídas. Tienen forma de bola aplanada y una entrada lateral. Están hechos de hojas secas, pasto, ramitas y corteza, y recubiertos de musgo y crines.

GORRIÓN COMÚN

Emplazan sus nidos en las grietas de los edificios o debajo de los techos; a veces ocupan viejos nidos de golondrina, cajas nido o se mudan a la parte baja de la capa exterior del nido de una cigüeña. Las casas de los gorriones parecen unas bolas «despeinadas», hechas de paja, pasto seco, grama, trozos de hilo o papel. Forran la depresión con una capa gruesa de plumas, en su mayoría de aves de corral.

NIDOS DE GRAN FORMATO

TALÉGALO DE REINWARDT

Polluelo

Huevo

Sección transversal

Los montículos de anidación de los tálegalos de Reinwardt son unos de los nidos de ave más grandes que existen. Miden hasta tres metros de altura y unos diez metros de diámetro. Estos pájaros, sin embargo, no son mayores que una gallina, por lo que el tamaño de sus construcciones es realmente impresionante.

Los montículos cónicos, hechos de ramas, hojas, grava y arena, funcionan como incubadoras. Los procesos de putrefacción que tienen lugar entre las capas de material de construcción crean la temperatura ideal para el desarrollo de los huevos. Los tálegalos de Reinwardt no los empollan, solo cuidan de las condiciones adecuadas durante el periodo de incubación: controlan la temperatura en los montículos y agregan o quitan material de construcción según la necesidad. Después de la eclosión, los polluelos deben ser lo suficientemente fuertes como para cavar por sí mismos unos túneles para llegar a la superficie.

Otros plusmarquistas de esta categoría son las aves martillo. Sus nidos son de tamaño mediano, pero pesan hasta cincuenta kilos y miden un metro y medio de altura por dos metros de diámetro. Antes de iniciar la construcción, la pareja elige la bifurcación de rama adecuada. La parte inferior del nido está formada por ramas, palos gruesos, hojas, plumas, cañas, pelo y otros materiales. Una vez terminada esta parte, las aves dejan un espacio para la ranura de entrada y comienzan a construir el techo, es decir, la parte plana superior, utilizando ramas más pequeñas. Al final, construyen un túnel de aproximadamente sesenta centímetros de largo que conduce a la cámara de anidación revestida con tierra húmeda.

AVE MARTILLO

EL NIDO ESCONDIDO DEL BUCERÓTIDO

Hendidura del nido

Parte tapiada

Interior del nido

Existen aves que, por la seguridad de sus crías, se tapian dentro del nido. Son los bucerótidos y, en concreto, las hembras de esta especie. Construyen nidos en los huecos de los árboles abandonados por otras aves. Los buscan meticulosamente, porque los bucerótidos son de gran tamaño (por ejemplo, el cálao bicorne mostrado en la ilustración mide más de un metro). Al encontrar un lugar adecuado, la hembra sella la entrada con una mezcla de comida digerida, serrín, lodo y sus propios excrementos. Cuando solo queda la abertura principal, entra en el hueco y tapia la salida desde el interior con la ayuda del macho, que alimenta a su pareja durante todo el periodo de eclosión por una hendidura que se utiliza también para eliminar las heces del nido. Este emparedado, bastante arriesgado para las hembras, ha de protegerlas a ellas y a las crías de los ataques de los depredadores. Cuando las crías salen de los huevos, las hembras mudan completamente el plumaje y recubren el nido con él. Después de más de tres meses, cuando los polluelos ya son más grandes, el macho abre el orificio y libera a la hembra. Luego vuelve a sellar el nido, con las crías creciendo en condiciones seguras.

NIDOS ESCONDIDOS

AVIÓN ZAPADOR

Sección transversal

Estos pequeños pájaros le tomaron el gusto a anidar en los taludes de tierra o en los acantilados en las orillas de los ríos. Con el pico quitan los terrones de arena y los barren con unas plumas duras especiales que les crecen en las patas por encima de los dedos traseros. De esta forma, construyen unos túneles horizontales ligeramente inclinados de unos sesenta centímetros de profundidad. Al final del túnel, cavan cámaras en las que hacen nidos de pasto seco y plumas. Los aviones zapadores son aves gregarias, por lo que construyen nidos junto a otras aves de su especie. Las colonias pueden contar desde una docena hasta más de cien parejas.

TARRO BLANCO

Los tarros blancos anidan con mayor frecuencia en las zonas costeras, preferiblemente en una madriguera abandonada de zorro, tejón o conejo, a veces debajo de las raíces o en huecos de los árboles volcados. Sus nidos pueden medir de uno a cuatro metros de profundidad. La entrada está protegida por arbustos o hierba alta. En una gran madriguera pueden anidar simultáneamente varias hembras. Para construir la estructura del nido usan pasto seco, a veces con una mezcla de algas, y lo tapizan con una capa gruesa de plumón.

Vista exterior

MARTÍN PESCADOR

Los martines pescadores anidan en taludes arenosos junto a los ríos o lagos. La pareja, después de encontrar un sitio adecuado (a menudo protegido por unas raíces o ramas colgantes), picotea un túnel horizontal, evitando tocar raíces y piedras, hasta una profundidad de cien centímetros. El túnel comunica con la cámara y se inclina ligeramente hacia la salida. Los pájaros revisten la cámara de anidación con *egagrópilas*, es decir, bolas formadas de restos de alimentos no digeridos que incluyen espinas de pescado y cutículas de insectos.

KIWI

Los nidos de los kiwis, escondidos en agujeros excavados, están recubiertos de hierba suave, hojas y musgo. Los kiwis enmascaran la entrada desde el interior con hojas y palitos. La hembra pone solo un huevo en el nido, pero es enorme y puede pesar hasta una cuarta parte del peso de la madre.

CARPINTERÍA DE SUBSISTENCIA

CARPINTERO BELLOTERO

Vista ampliada

Los carpinteros belloteros no centran su atención y energía en la construcción de nidos, sino de unas peculiares despensas. Al ver un árbol grande y perforado no lo solemos asociar con unos pájaros tan pequeños, pero es sorprendente la cantidad de agujeros que son capaces de hacer. Eligen árboles muertos o viejos con corteza blanda, donde excavan muchos agujeros con el diámetro de una bellota. Para cada fruta recolectada buscan un agujero que coincida exactamente con su tamaño. Ni demasiado grandes, porque las bellotas se caerían fuera, ni demasiado pequeñas, para no dañar la superficie del fruto que podría luego pudrirse. Un volumen tan grande de provisiones requiere el cuidado constante de toda la familia de los carpinteros de varias generaciones. Deben defender su despensa, y cuando una de las bellotas se seque y encoja un poco, hay que trasladarla a un agujero más pequeño.

PICO PICAPINOS

Una pareja de picos picapinos anida cada año en un nuevo hueco excavado por sí mismos. Eligen árboles poderosos, viejos pero vivos, preferiblemente dañados. El hueco puede ubicarse a una altura de uno a veinte metros. La operación de taladrarlo dura unas tres semanas. Con el serrín generado, recubren el interior.

Sección transversal

PICO DE FLORIDA

¡Esta especie de pájaros carpinteros sabe proteger sus nidos contra robos! Los construye en pinos vivos, asegurándose de que los pozos de resina dañados no se cierren. La salvia que gotea alrededor de la entrada protege el nido contra pequeños depredadores como las serpientes.

COMUNIDADES TEJIDAS

TEJEDORES BAYA

Fases de construcción del nido

Sección transversal

Los tejedores son aves sociales. Sus colonias constan de unos veinte o treinta nidos individuales, normalmente ubicados en lo alto de acacias espinosas o palmeras. Esta especie vive en áreas secas y utiliza los pastos secos como materia prima. La forma característica de sus nidos se debe a la técnica de construcción. Los machos arrancan con su pico fuerte las hierbas y fibras largas y secas de las hojas de palmera. Luego tejen el nido a modo de canasta, empezando por la parte superior y terminando con la estructura del túnel, que mide hasta cincuenta centímetros y sirve para proteger a los polluelos de los depredadores. Las hembras se ocupan del interiorismo, colocando los terrones de arcilla en el fondo del nido para que sea más estable.

TEJEDORES REPUBLICANOS

Sección transversal

Dormidero

Cámara de la cría

FORMAS DE NIDO DE TEJEDOR

Los nidos de los tejedores republicanos son estructuras enormes que pueden albergar hasta quinientas aves. Alcanzan más de un metro de altura e incluso siete metros de longitud, y en ocasiones pesan más de una tonelada. Viven en lugares desérticos con altas temperaturas durante el día y mucho frío durante la noche, por lo que se refugian en un nido común también fuera de la época de cría. Los nidos se utilizan durante muchos años y son ensanchados por varias generaciones de tejedores. Constan de una parte común (un techo de hierba y palos) y una parte funcional, hecha de largas briznas de hierba. En el interior, cada familia, compuesta por los padres y los ayudantes (a menudo los hijos mayores), tiene su propia cámara y las nuevas parejas construyen nidos propios. El revestimiento de los nidos es de pastos suaves, plumas y, a veces, trozos de tela. Las cámaras no están conectadas entre sí, por lo que cada familia mantiene su privacidad, pero la proximidad de los vecinos les proporciona una sensación de seguridad y asistencia en la crianza de sus pichones. En los nidos de tejedores residen también otras especies (no solo aves) que a menudo pagan por la hospitalidad protegiendo a sus anfitriones de los depredadores.

NIDOS DE SALIVA

SALANGANA LUSTROSA

Sopa de nidos

Las salanganas lustrosas viven en enormes colonias, a veces de varios cientos de individuos. Eligen cuevas grandes y oscuras para anidar. Construyen nidos con su propia saliva. Empiezan pegando una primera capa a la pared para marcar el contorno del nido. Luego ponen las capas siguientes y, cuando estas se secan, forman nidos traslúcidos en forma de botes pegados a la pared. Son lo suficientemente estables como para poder contener un pájaro y los huevos puestos. Los nidos de las salanganas también se conocen como «nidos de golondrina». En algunas partes del mundo, como China, se destruyen para hacer sopa. La demanda de esta costosa exquisitez causa un gran daño a las colonias de aves.

AVIONES COMUNES

Esta especie de golondrinas suele colocar sus nidos en las esquinas de las ventanas, pero también debajo de balcones o cornisas, siempre protegidas desde arriba. Una vez elegido el lugar adecuado, los pájaros transportan en los picos unas bolitas de barro y, mezclándolas con la saliva, las pegan una a una sobre la rugosa superficie de la pared. Después de hacer una capa horizontal, esperan a que se seque y continúan con el trabajo de albañilería, pegando minuciosamente las capas sucesivas. Los nidos acabados tienen una característica forma de cesta con una pequeña abertura en la parte superior. Su interior recubre una capa gruesa de hierba fina y seca, pelo, crines y plumas. Los aviones comunes anidan en colonias, y sus casas, ubicadas muy cerca unas de otras, pueden servirles durante varios años.

VENCEJOS COMUNES

Lo más fácil es encontrar los nidos de los vencejos en las ciudades, bajo los techos de los edificios o en las grietas de las paredes. Estas aves tienen las patas tan cortas que no son capaces de buscar materiales de construcción en el suelo, así que los consiguen en el aire durante el vuelo. Por lo general, atrapan pequeños trozos de hierba, pelo, crines, pelusa de plantas y plumas. Los vencejos lo pegan todo junto con su saliva y lo colocan en capas descuidadas. La forma de los nidos se adapta a los huecos elegidos. Los vencejos anidan en colonias y vuelven a construir nidos en los mismos lugares cada año.

DISEÑO DE INTERIORES

PERGOLERO SATINADO

Los pergoleros satinados macho son particularmente aficionados al azul. Para atraer a las hembras, construyen unas pérgolas especiales que consisten en dos vallas paralelas de medio metro de largo, hechas de ramitas delgadas clavadas en el suelo. En ambos extremos del estrecho pasaje, los machos colocan una colección de objetos pequeños y hermosos: bayas, conchas, plumas, pero también tapas de botellas u otros plásticos abandonados por los humanos. Todas estas cosas serán de color azul por una buena razón: reforzar el atractivo del macho, cuyas plumas brillan en este mismo color. Se ha comprobado que cuanto menos azul es el macho, más objetos azules acumula alrededor de su pérgola.

PERGOLERO GRANDE

PERGOLERO DE MACGREGOR

Para atraer a la pareja, los machos de los pergoleros grandes construyen unos emparrados en forma de dos vallas paralelas de un metro de largo y medio metro de ancho, con ramitas finas clavadas en el suelo que se tocan en la parte superior. Estas edificaciones suelen estar orientadas de norte a sur. Para embellecer la estructura, los pergoleros macho colocan en la entrada objetos de color claro, como conchas y piedrecitas, ordenados por su tamaño (los más pequeños cerca y los más grandes más lejos).

El macho de esta especie construye pérgolas circulares alrededor de un tronco delgado y vertical. Apila ramitas formando una estructura parecida a un dique cubierto de musgo. El interior está decorado con flores, frutas y cutículas de insectos de varios colores. Cuando su obra atraiga a una pareja potencial, el macho se pondrá a bailar alrededor de la construcción y levantará sus crestas coloridas.

PERGOLERO PARDO

Los emparrados de los pergoleros pardos se asemejan a estructuras humanas. Para atraer a su futura pareja, este pajarito crea una enorme construcción (de un metro de alto y un metro y medio de diámetro, mientras que él mismo mide de veinte a treinta y cinco centímetros).

Las pérgolas circulares de ramitas entrelazadas tienen una entrada amplia. El elemento de soporte es una rama o un tallo ubicado en la parte central de la estructura. Después, llega la fase más importante para el macho: decorar el espacio alrededor de la pérgola. Con este fin recolecta frutas, flores, insectos, objetos humanos abandonados e incluso excrementos de otros animales. Cada tipo de adorno se almacena en una pila separada. Deben estar frescos y sin signos de deterioro. Los machos siguen trayendo cosas nuevas, agregándolas a las pilas y perfeccionándolas. Cada pájaro tiene su propio conjunto de objetos y colores favoritos.

MILANO NEGRO

Los milanos negros construyen nidos en la bifurcación de ramas gruesas de árboles altos, utilizando para ello unas ramitas cortas y nudosas. El interior de sus hogares se forra con pasto seco y pelo, aunque les es característico utilizar trapos, pedazos de papel, plástico y otros objetos sacados de la basura de los humanos. Según los científicos, los milanos enfatizan de esta manera su estatus y habilidades físicas.

CARBONERO COMÚN

Los carboneros anidan normalmente en huecos abandonados o cajas nido. Construyen sus hogares de musgo verde y pasto seco, y recubren su interior con pelo, crines y plumón, agregando también hierbas aromáticas como lavanda, milenrama o menta que ayudan a deshacerse de los parásitos y las bacterias nocivas. Las hembras tienen preferencias individuales y pueden volar lejos para conseguir sus plantas favoritas.

ALFARERÍA Y OTRAS ARTESANÍAS

AVISPA ALFARERA

Las avispas alfareras hembra construyen nidos de arcilla, que fijan a una pared u otra superficie rígida expuesta a la luz directa del sol. En el interior del nido en forma de cacharrito de barro ponen un huevo y amontonan orugas paralizadas por sus picaduras, que servirán de alimento para las larvas. Luego, cierran la celda-nido, envolviendo su borde hacia dentro y formando una tapa cónica. Para cada huevo construyen un cacharrito separado, a veces uno al lado del otro.

ABERROJO COMÚN

En primavera, una joven reina abejorro busca un lugar para anidar como, por ejemplo, una madriguera abandonada. Allí, construye una primera celda de cera, la llena de polen y pone varios huevos. Luego, construye una segunda celda para acumular néctar. Cuida de los huevos ella sola y rara vez abandona el nido, solo para mantener las reservas. Finalmente, eclosionan las obreras jóvenes que, poco a poco, se hacen cargo del cuidado de los huevos, los alimentan y expanden el nido.

AVISPA DE LA ARENA

Esta especie de avispas construye nidos subterráneos en lugares secos y arenosos. Cavan largos túneles a una velocidad vertiginosa, arrojando arena por debajo de su cuerpo con unas patas muy ágiles. Al final de los túneles construyen unas cámaras circulares en las que ponen un huevo, y luego camuflan cuidadosamente la entrada. Para alimentar a las larvas en crecimiento paralizan moscas con sus picaduras, por ejemplo. Si el lugar es el adecuado, puede albergar cada año desde una docena hasta varios cientos de nidos muy cercanos.

AVISPA ALBAÑIL ESPINOSA

Las hembras de avispa albañil espinosa anidan en las pendientes empinadas de arcilla dura. Cavan túneles cortos que desembocan en varias cámaras. Con el material excavado forman unas bolitas y construyen con ellas una especie de chimenea curvada hacia abajo en la entrada. Ponen un huevo en cada cámara, añaden larvas de escarabajos paralizadas por las picaduras y sellan la entrada. Las avispas jóvenes de esta especie nacen en primavera. Si el lugar es adecuado, las hembras construyen varios nidos, uno al lado del otro.

ESFÉCIDO CAZADOR DE ARAÑAS

Las hembras de este himenóptero fabrican nidos de arcilla, generalmente en las paredes de los edificios. Las construcciones constan de varias celdas tubulares: cada una para un huevo y alimento para la larva que nacerá (arañas paralizadas por las picaduras). La celda «aprovisionada» queda sellada, y al pasar el invierno, el insecto ya adulto quita la tapa de arcilla con sus mandíbulas y sale al exterior en verano del año siguiente.

AVISPA COMÚN

- Celdas donde crecen las larvas
- Panal con celdas
- Sección
- Cámaras de ventilación
- Interior del nido
- Entrada
- Fragmento de un panal
- Vista exterior

Tras despertarse en primavera, la reina avispa busca un lugar para anidar bajo las ramas más gruesas, en huecos de los árboles, en grietas de rocas o en los áticos de las casas. Los materiales de construcción suelen ser virutas de madera muerta o fibras vegetales que la avispa raspa con la mandíbula, mezcla con saliva y mastica para formar una papilla similar al papel. Con ella cubre un primer panal hecho a partir de una docena de celdas unidas a un eje. Pone huevos en las celdas y luego cuida de las larvas. Finalmente, nacen las obreras y se hacen cargo de la mayoría de las tareas. Añaden celdas al borde del primer panal y luego colocan otro eje en el centro de su superficie inferior para colgar el siguiente panal. Así, se forman varios niveles de panales. Los del medio son los más anchos, y otorgan al nido una forma esférica. Las avispas dejan un espacio libre entre los panales para la ventilación. El nido sirve a una familia durante una temporada. Al buscar alimento, las avispas polinizan las plantas, al igual que las abejas.

ESCARABAJO ENTERRADOR

Bolita de carroña

Su lugar favorito para criar a la prole es la carroña. Apartan la tierra de debajo de un animal muerto (por ejemplo, un ratón) hasta que se hunde en el suelo. Luego cavan un pasillo diagonal debajo de la carroña y la hembra pone huevos allí. Después de unos días, nacen las larvas. Los padres forman bolas de carroña que ablandan con sus jugos digestivos. Las larvas se refugian en la cavidad de la bola y se alimentan con el líquido marrón proveniente del material digerido.

ESCARABAJO ESTERCOLERO

Una pareja de escarabajos cava un túnel vertical debajo de una pila de estiércol (preferiblemente de caballo) y luego los túneles laterales que desembocan en cámaras. En cada una de ellas, la hembra pone un huevo y los escarabajos llenan todos los espacios con el fiemo. Cuando nazcan las larvas, se alimentarán de él durante todo el año. También las mantendrá a la temperatura adecuada.

HOGAR, DULCE HOGAR

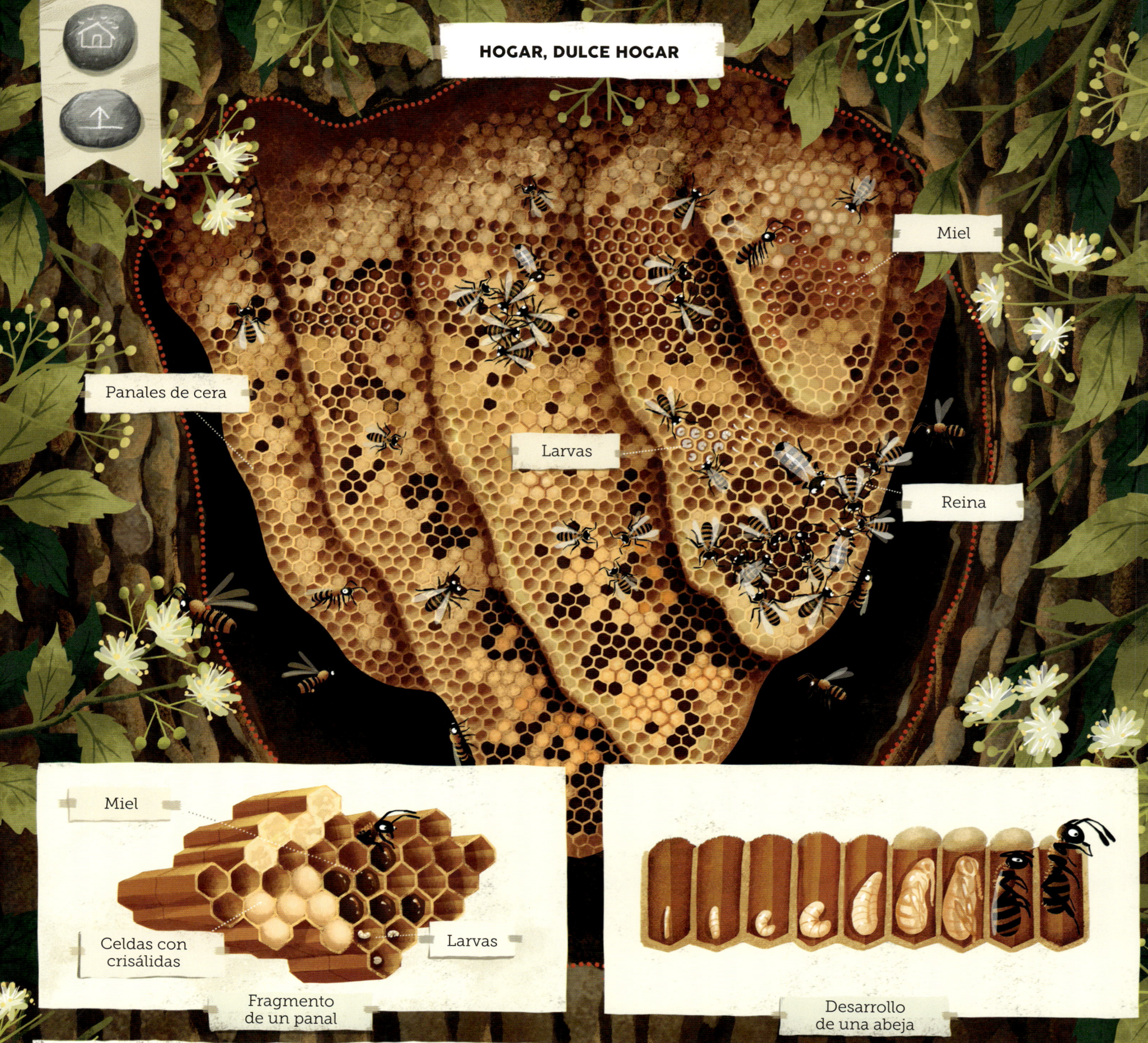

Panales de cera · Miel · Larvas · Reina

Miel · Celdas con crisálidas · Larvas
Fragmento de un panal

Desarrollo de una abeja

La abeja melífera es un insecto domesticado. Suele vivir en colmenas construidas por las personas, pero puede ocupar también grandes huecos en los árboles u otros lugares bien protegidos.

El nido está compuesto de varios panales grandes y suspendidos, formados de cientos de pequeñas celdas hexagonales muy ajustadas entre sí. Es una estructura muy duradera. El panal tiene dos capas de celdas colocadas con los fondos mirándose entre sí y con las aberturas inclinadas ligeramente hacia arriba para que el néctar no se escape de ellas. Las abejas jóvenes construyen panales de cera, que forman en las glándulas cereras ubicadas en la parte inferior de sus cuerpos. Los huecos en las paredes que protegen los panales se sellan con propóleo (una mezcla de resinas vegetales y cera).

En un enjambre de abejas, la reina es la más importante, es la madre de todas las obreras de la colmena. Pone huevos dentro de las celdas (comienza por el centro del panal y se mueve en espiral hasta el borde). Las obreras más jóvenes cuidan de las larvas. Cuando la larva se convierte en una pupa que ya no necesita ser alimentada, la celda queda sellada con una tapa de cera. Pronto saldrá de ella una abeja joven. Las abejas más viejas vuelan en busca de néctar y polen. El néctar se acopia en las celdas de la parte superior del panal, y el polen, un poco más abajo, por encima de las celdas de la cría. Las abejas alimentan a las larvas con el polen y espesan el néctar para producir la miel. Una vez preparada, sellan la celda con una tapa de fresca cera blanca. Serán sus reservas para el invierno.

Los nidos de varios panales en un lugar descubierto se ven en climas cálidos, sin inviernos.

Colmena vertical

Marco móvil

Colmena rústica

Refugios para las abejas

¡Las abejas existen desde hace ochenta millones de años! Las personas descubrieron muy rápido los beneficios de la miel y la cera. Inicialmente, las robaban de los nidos de abejas silvestres que encontraban en huecos de los árboles y grietas de rocas. Para alentar a las abejas a vivir en lugares más accesibles, primero les preparaban grandes agujeros en los árboles del bosque. Luego, transportaban los troncos huecos cerca de sus casas y metían en ellos a los enjambres que buscaban un nuevo hogar.

Hoy en día, las personas que se dedican a la apicultura construyen colmenas muy confortables para las abejas y con fácil acceso al interior. A veces, llevan a las abejas a lugares abundantes en plantas melíferas. Su tarea más importante es polinizar las plantas. Sin ellas y sin sus parientes silvestres, las abejas solitarias, no habría frutas, verduras, trigo sarraceno ni muchas otras plantas que necesitamos. Por eso, debemos asegurarnos de que tengan flores sin productos químicos venenosos e instalar «refugios» para que las abejas silvestres quieran vivir cerca de nosotros.

PUENTES Y CAMINOS

HORMIGAS ROJAS DE LA MADERA

Vista exterior

Son unas de las hormigas más comunes en los bosques europeos. Es fácil encontrar sus enormes montículos hechos de agujas de pino, palos y otros pequeños materiales vegetales en lugares tranquilos y soleados. La parte subterránea del nido (de hasta dos metros de profundidad) se extiende debajo del montículo y es generalmente más grande que la parte terrestre. Consiste en una compleja red de túneles y cámaras.

En el lugar más seguro, el centro del nido, se ubica la cámara de la reina, madre de todas las trabajadoras. La reina pone huevos de los que nacen las larvas. Estas se convierten en pupas, y luego en hormigas adultas. Las larvas y la reina son atendidas por las obreras más jóvenes. Las mayores buscan alimentos (insectos para las larvas y jugos dulces de plantas para las hormigas adultas) y material para expandir el nido.

HORMIGAS TEJEDORAS

Estas hormigas grandes y agresivas construyen nidos en lo alto de los árboles. Con el esfuerzo común, juntan unas cuantas hojas y las unen con hilo de seda producido por las larvas. Una hormiga adulta, sosteniendo una larva en las mandíbulas, la mueve por el borde de la hoja para que teja y pegue el hilo. De esta manera se forma una tela blanca que conecta las hojas, las sella y forma túneles y cámaras sedosas dentro del nido. Cuando las hormigas dejan de caber en una estructura construyen otra justo al lado, en un árbol vecino.

HORMIGAS GUERRERAS

- Obreras menores
- Interior del nido
- Reina
- Soldado
- Obreras mayores

NIDOS MÓVILES

Las hormigas guerreras se mueven sin cesar y acampan cada noche en un lugar diferente, como por ejemplo junto al tronco de un árbol derrumbado. Las obreras, que pueden llegar a ser un millón, se agarran unas a otras con los ganchos que tienen en la punta de sus patas y construyen con sus cuerpos cadenas y redes colgantes de varias capas que rodean a la reina y a las larvas. De esta manera, crean un nido viviente. Por la mañana, las obreras se separan y toda la colonia se pone en marcha y caza para alimentar a las larvas. Después de dos o tres semanas, cuando las larvas se convierten en pupas y no necesitan ser alimentadas, la colonia se instala en un lugar durante otras dos o tres semanas. Entonces, la reina pone huevos y las hormigas jóvenes se desarrollan en las pupas. Al final del periodo sedentario, la colonia se pone en camino nuevamente para proveerse de comida.

Vista ampliada

PUENTES

La capacidad de crear cadenas vivientes, cuerdas y redes a partir de las cuales las guerreras construyen sus campamentos resulta útil para superar varios imprevistos. Pueden cruzar por puentes vivientes sobre obstáculos que otras hormigas no pueden vencer.

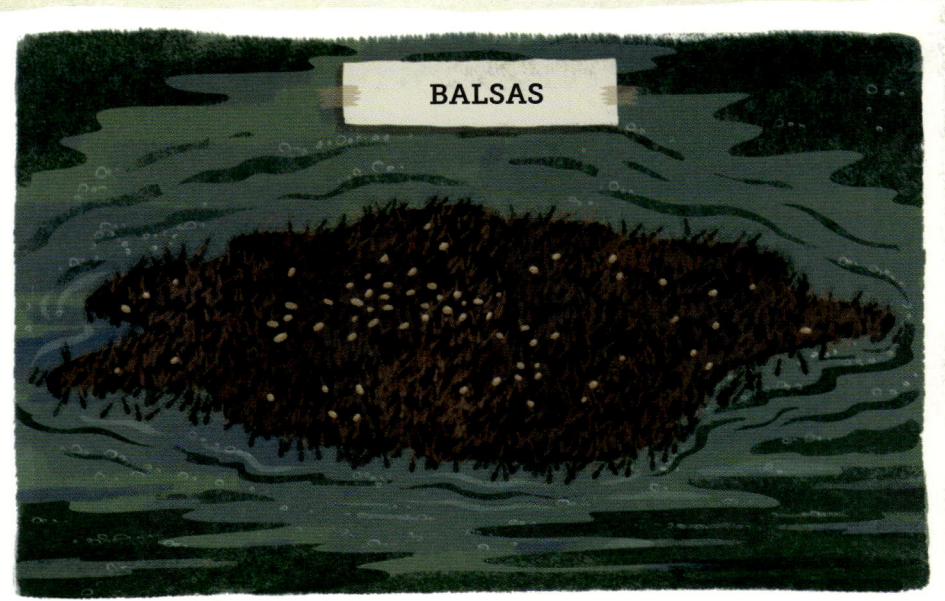

BALSAS

Estas hormigas saben cruzar el agua. Las obreras, firmemente agarradas entre sí, se mantienen a flote, convirtiendo sus cuerpos en una balsa viviente en la que navegan la reina y las crías.

HORMIGAS CORTADORAS DE HOJAS

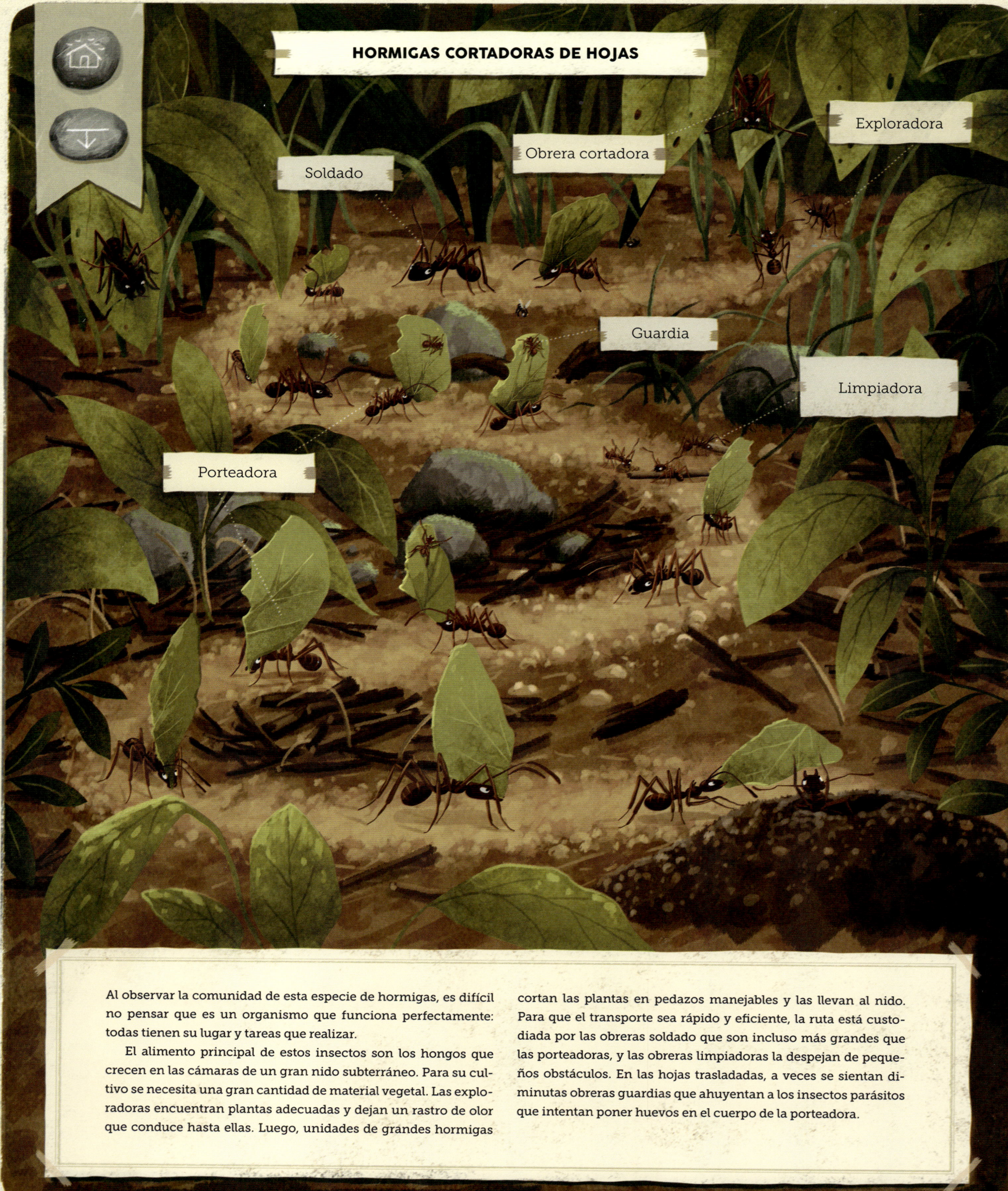

Soldado
Obrera cortadora
Exploradora
Guardia
Limpiadora
Porteadora

Al observar la comunidad de esta especie de hormigas, es difícil no pensar que es un organismo que funciona perfectamente: todas tienen su lugar y tareas que realizar.

El alimento principal de estos insectos son los hongos que crecen en las cámaras de un gran nido subterráneo. Para su cultivo se necesita una gran cantidad de material vegetal. Las exploradoras encuentran plantas adecuadas y dejan un rastro de olor que conduce hasta ellas. Luego, unidades de grandes hormigas cortan las plantas en pedazos manejables y las llevan al nido. Para que el transporte sea rápido y eficiente, la ruta está custodiada por las obreras soldado que son incluso más grandes que las porteadoras, y las obreras limpiadoras la despejan de pequeños obstáculos. En las hojas trasladadas, a veces se sientan diminutas obreras guardias que ahuyentan a los insectos parásitos que intentan poner huevos en el cuerpo de la porteadora.

Las porteadoras dejan las hojas en las cámaras exteriores y regresan a recoger más material. Dentro del montículo, unas obreras más pequeñas cortan las hojas en pedacitos. Luego, otras obreras incluso menores mastican el material vegetal hasta obtener una papilla suave que forman en bolitas y almacenan con cuidado en las cámaras. En esta masa, otras hormigas diminutas plantan «su» especie de hongo, que crece rápidamente y cubre los camellones con una especie de moho gris. Las minúsculas hormigas jardineras cuidan de su cultivo, pasean entre los micelios y los limpian de los hongos de otras especies. En los extremos de las hifas del micelio crecen unos bultos redondos que la jardinera recolecta para alimentar todas las hormigas, las larvas y la reina.

CASAS ESCULTURALES

TERMITERO

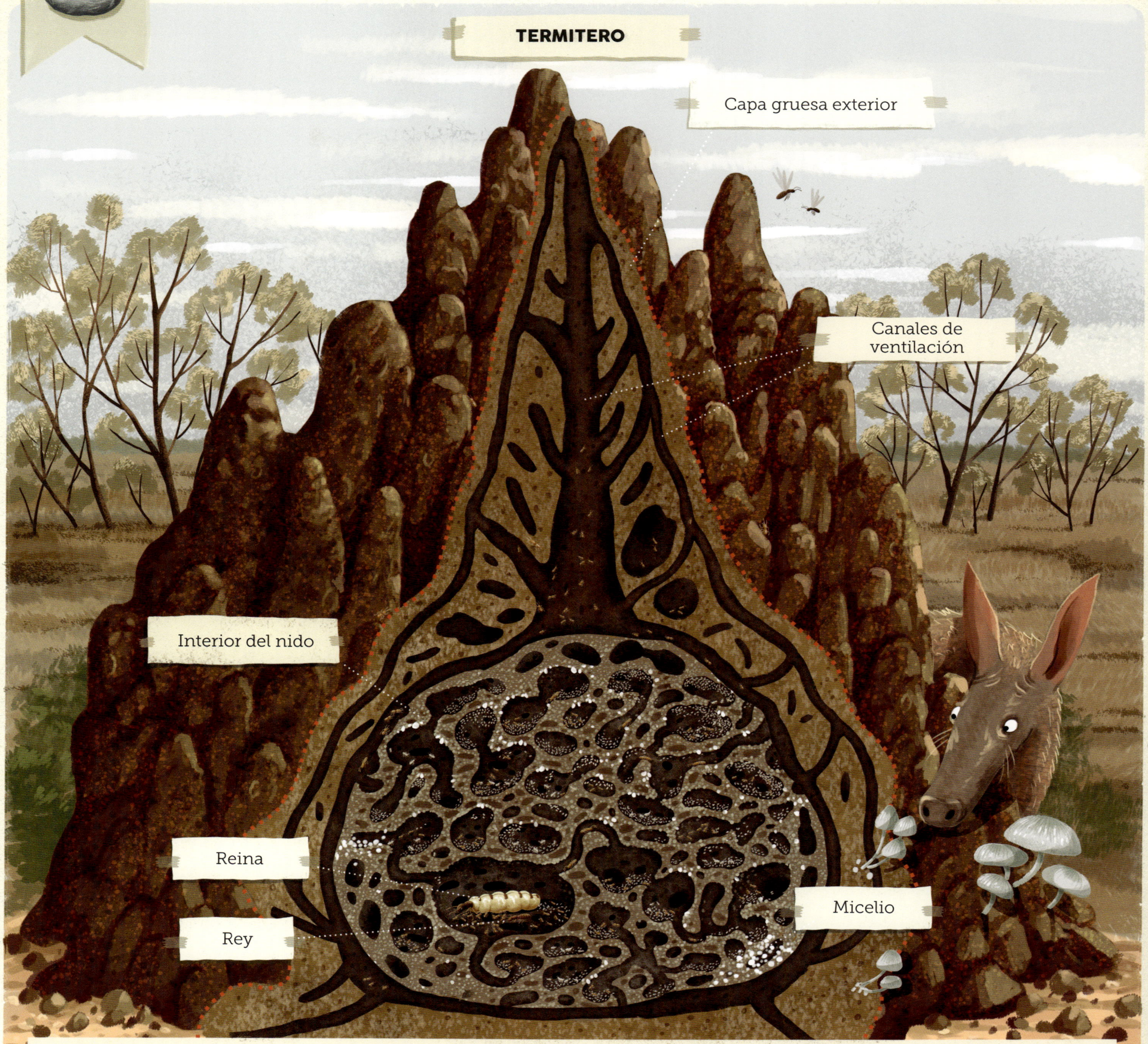

- Capa gruesa exterior
- Canales de ventilación
- Interior del nido
- Reina
- Rey
- Micelio

Los enormes termiteros están construidos por unos insectos diminutos: las termitas. Todo comienza con un agujero a unos centímetros bajo tierra, cavado por el rey y la reina. Después de poner huevos, la pareja real cuida de su progenie. Las termitas jóvenes se hacen cargo rápidamente de las tareas: cuidan a sus hermanos pequeños, cavan nuevos túneles y cámaras, traen los alimentos, es decir, madera, hojas y pasto. Con madera masticada y mezclada con heces forman cultivos de hongos en las cámaras alrededor de la cámara real (así lo hacen las termitas del género *Macrotermes*), y con el mismo material y tierra construyen las paredes del termitero que, una vez secadas al sol, se endurecen como una roca. La reina pone más huevos y su abdomen aumenta de tamaño considerablemente.

INQUILINOS DEL TERMITERO

Ejemplar alado, es decir, el rey joven o la reina antes del vuelo nupcial y de formar un nido.

Soldado

Obrera

Rey

Obrera menor

La reina después de varios años de poner huevos

DIFERENTES FORMAS DE LOS TERMITEROS

Termiteros brújula

Un termitero se expande hacia arriba. Sobre las cámaras hay espacios vacíos; junto a la superficie de las paredes gruesas se esconden unos canales de ventilación estrechos que sirven para enfriar y refrescar el aire, y para eliminar el exceso de dióxido de carbono. Dentro del nido hay pequeñas fluctuaciones de la temperatura, pero suele mantenerse a treinta grados. Al principio, el termitero se expande lentamente, luego cada vez más rápido. Después de dos o tres años, se instalan en él las soldados con cabezas grandes y mandíbulas fuertes y, unos años más tarde, jóvenes reinas y reyes alados que realizarán un vuelo nupcial y formarán sus propios termiteros.

Un nido de termitas puede ensancharse durante varias décadas, alcanzar una altura de muchos metros y tener varios millones de habitantes. Pueden tener formas muy diferentes y específicas para cada especie de termitas (¡hay más de mil!). Las estrechas y altas estructuras formadas por las termitas brújula siempre están orientadas de norte a sur, lo que es de gran ayuda para mantener la temperatura correcta en su interior. Por la mañana, la ancha pared orientada al este calienta el termitero después de una noche fría. Al mediodía, los rayos del sol caen sobre la pared estrecha, sin calentarla demasiado, y por la tarde, la pared oeste se calienta para la noche.

HILANDO MUY FINO

ARAÑA DE JARDÍN EUROPEA

La tela de las arañas de jardín, más fina que un cabello, es un ejemplo de material perfecto en el mundo animal. Estos pequeños insectos se han especializado en tejer trampas circulares. El proceso de construcción de una telaraña tiene un patrón estrictamente definido. Primero, arrojan un solo hilo al viento. Cuando se engancha en el lugar correcto, comienzan a construir los radios del andamio. Finalmente, agregan hilos orbiculares pegajosos. Una vez terminado el trabajo, se instalan en la parte central de su hogar o se esconden cerca del anclaje de uno de los hilos para esperar con paciencia a sus presas.

Vista aumentada

Fases de confección de la telaraña de orbe

ARAÑA DE CORTEZA DE DARWN

A pesar de ser arañas minúsculas (la hembra mide unos dos centímetros, y el macho unos seis milímetros) confeccionan redes orbiculares inmensas, las más grandes que se conocen. Primero, extienden un hilo muy fuerte y largo (de hasta veinticinco metros) sobre el agua, a menudo sobre un río, y luego suspenden debajo una enorme red para que caigan en ella los insectos. La seda de esta especie es dos veces más fuerte que la de cualquier otra araña conocida. Se considera uno de los materiales más resistentes del mundo.

Vista aumentada

ANELOSIMUS EXIMIUS

Las arañas *Anelosimus eximius* son una especie social. Sus telarañas parecen unas enormes sábanas extendidas sobre arbustos y árboles caídos justo por encima del suelo. Es el resultado del trabajo conjunto de una comunidad de hasta varios miles de individuos. Estas pequeñas arañas construyen redes, cazan y crían a sus crías en común. Y gracias a una cooperación eficaz, pueden capturar presas mucho más grandes de las que podría cazar un solo individuo.

Vista aumentada

DEINOPIS SUBRUFA

Estas arañas australianas tienen un método de caza prodigioso: no construyen trampas permanentes, sino que tejen una red extremadamente flexible que llevan consigo. Se cuelgan boca abajo y esperan a la presa. Gracias a sus enormes ojos pueden ver perfectamente de noche, que es cuando están cazando. Para animar a sus presas a acercarse, dejan puntos blancos de excrementos junto al lugar del ataque. Cuando la presa se acerca, estiran rápidamente su telaraña y la atrapan.

ARAÑA DE AGUA

Las arañas de esta especie pasan casi toda su vida bajo el agua, pero respiran aire atmosférico, acumulado en una telaraña submarina adherida a plantas acuáticas. Para reponer el suministro de aire, las arañas sacan la punta de su abdomen y patas traseras, entre las cuales desenrollan los hilos. Luego arrastran la telaraña debajo del agua, captando en ella una burbuja de aire que se engancha en el pelaje de su cuerpo. Las arañas deslizan la burbuja de su abdomen con las patas y la colocan en la red submarina. Allí descansan, comen invertebrados acuáticos y las hembras ponen huevos.

ARAÑA DE TELA

Las arañas de tela viven en madrigueras profundas (de veinticinco a ochenta centímetros) cubiertas completamente de su seda. En la parte terrestre del nido, la telaraña se convierte en el lugar de caza. Se asemeja a un tubo de ocho a veinticinco centímetros de largo y suele estar escondido entre la vegetación o enmascarado con tierra y hojas secas. Para capturar su presa, la araña atraviesa con sus colmillos de veneno la pared hilada, rasga la telaraña y tira de la presa hacia el nido. Cuando acaba el festín, remienda el agujero.

TIPOS DE TELARAÑA

Telarañas de orbe espiral hilvanadas por las arañas de la familia de los araneidos y de los tetragnátidos.

Telarañas en forma de lonas construidas por las arañas de la familia de los araneidos y de los tetragnátidos.

Telarañas de formas irregulares confeccionadas por las arañas de la familia de los fólcidos y de los terídidos.

Telarañas de caza amanteladas en embudo tejidas por las arañas de la familia de los agelénidos.

Telarañas en forma de tubo construidas por las arañas de la familia de los atípidos.

Telarañas portátiles hiladas por las arañas de la familia de los *Deinopidae*.

A CUESTAS

CARACOL ROMANO

ENIDAE

LOBATUS GIGAS

SUCCINEA PUTRIS

LAMBIS

ACHATINA

Tanto los caracoles de agua como los terrestres tienen caparazones que a menudo asociamos con sus casas. Estos caparazones son duros y protegen los cuerpos de los moluscos de los daños o de la desecación, pero no son sus hogares, sino una parte del cuerpo que realiza una función similar a la de nuestros huesos y piel. Estos duros esqueletos externos se desarrollan a lo largo de la vida de los caracoles. Unas glándulas especiales depositan calcio en el borde de la parte vieja del caparazón que, a medida que el animal crece, se expande y endurece. Los daños menores en la superficie que puedan sufrir se curan al igual que nuestras heridas. Las estructuras constan por lo general de una parte, a menudo arrollada de manera original. Pueden ser diminutas, como la de un *Enidae* que mide un centímetro, o enormes, como la de un *Achatina* que alcanza los treinta centímetros.

Las conchas de los moluscos bivalvos constan de dos partes bien ajustadas que los animales pueden abrir y cerrar. Las vieiras y las almejas sacan los sifones de sus valvas entreabiertas para filtrar partículas finas de comida del agua. La vieira que pesa poco escapa del peligro saltando hacia atrás, abriendo y cerrando bruscamente su concha. El escafópodo vive enterrado en el fondo marino y solo saca el extremo más delgado del caparazón sobre la arena para respirar. El nautilo es pariente del pulpo. Se hunde o flota en el agua regulando el volumen y la densidad de los fluidos en las cámaras de su concha. Los quitones tienen la concha compuesta de ocho placas, lo que les permite moverse hacia arriba y hacia abajo e incluso enrollarse en una bola. El cangrejo ermitaño busca un caparazón abandonado por otro animal y se esconde en él para proteger su blando abdomen. A medida que el cangrejo crece, tiene que cambiar de caparazón.

CASA CAMUFLAJE

LARVAS DE TRICÓPTEROS

Las pequeñas e indefensas larvas de los tricópteros viven en el agua y se han especializado en la construcción de refugios portátiles.

Sus pintorescos escondites las protegen de los crustáceos y peces. Primero las larvas tejen un hilo especial y, con ayuda de las mandíbulas, confeccionan un delicado capullo al que se adhiere todo lo que encuentran: pequeños guijarros, hojas, conchas, palillos, etc. A medida que las larvas crecen, alargan y ensanchan sus casitas. Viven en ellas hasta transformarse en adultos.

Larva de tricóptero

ORUGAS DE SAQUITO

Las larvas de la oruga de *Psychidae*, al igual que las de tricópteros, saben construirse un refugio inusual. Viven en la tierra, así que los materiales que utilizan para la construcción (pequeñas ramitas, hojas, palillos, musgo) son ligeramente diferentes a los usados por las larvas las de tricópteros. Las formas de las estructuras también varían, pero se adaptan perfectamente a las necesidades del inquilino. En caso de amenaza, las larvas de ambas especies pueden esconderse completamente en sus construcciones.

Oruga de *Psychidae*

APARTAMENTOS SIN VISTAS

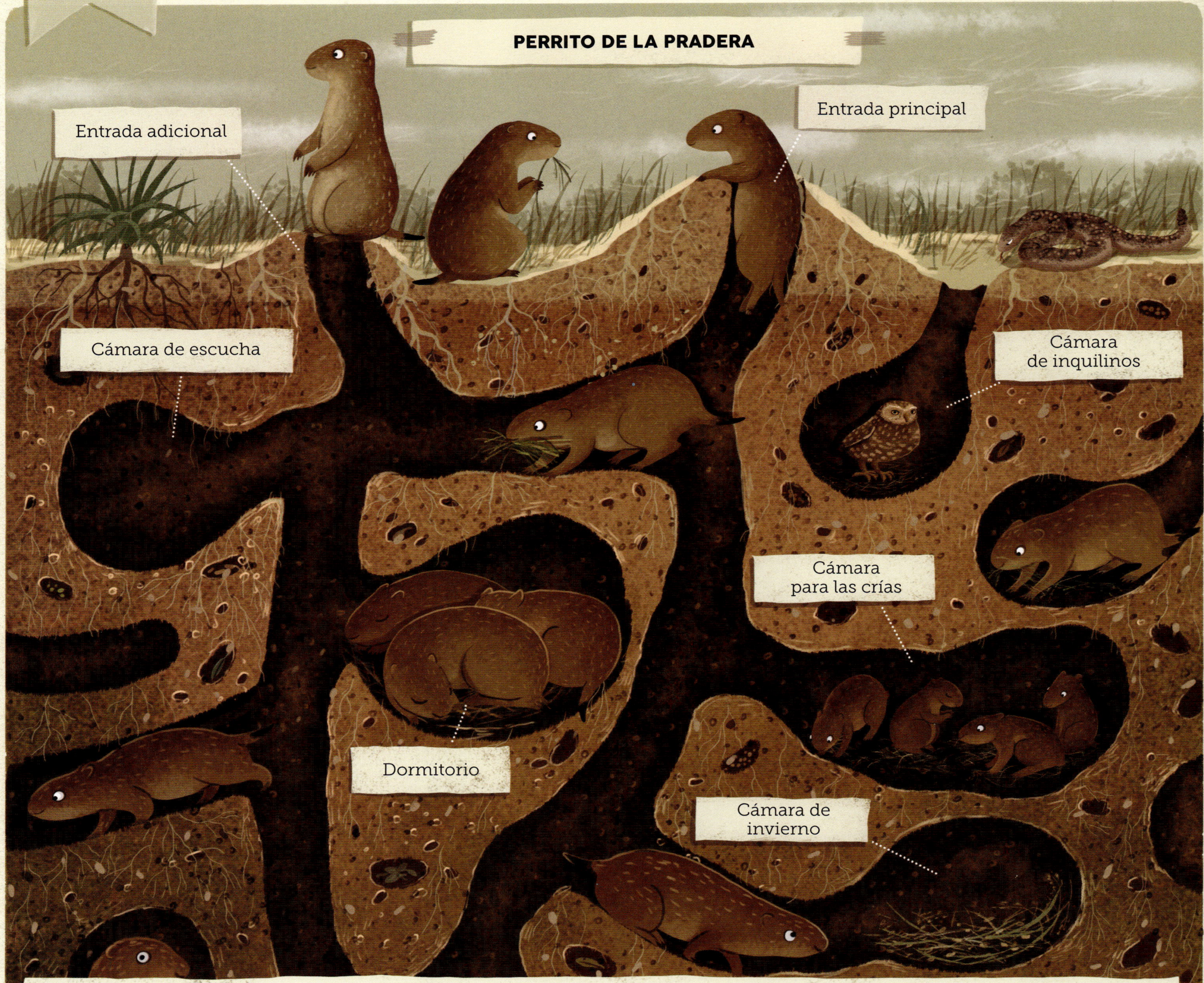

PERRITO DE LA PRADERA

- Entrada adicional
- Entrada principal
- Cámara de escucha
- Cámara de inquilinos
- Cámara para las crías
- Dormitorio
- Cámara de invierno

Los perritos de las praderas viven en unidades familiares cerca unas de otras, creando enormes colonias de hasta mil individuos. Cada familia, formada por un macho, algunas hembras y un grupo de adultos jóvenes de camadas anteriores, tiene su propia madriguera utilizada por varias generaciones.

La madriguera suele tener varias entradas (hasta seis). Algunas, rodeadas de cráteres de tierra excavada, de hasta un metro de altura, sirven como punto de observación. Desde allí, un centinela hace guardia y en caso de peligro advierte con un fuerte silbido a los miembros de la colonia que pastan. La colocación de las aberturas de entrada a diferentes alturas facilita el flujo de aire a través del sistema de cámaras de ventilación. Los túneles que descienden en diagonal bajo tierra pueden alcanzar hasta diez metros de largo y conectarse con madrigueras vecinas. Las cámaras están adaptadas para cumplir diversas funciones: unas para la prole, otras son dormideros, y las más profundas y revestidas de hierba, para pasar el invierno. Las cámaras poco profundas y cercanas de la salida sirven para escuchar si hay amenazas en la superficie y refugiarse rápidamente si es necesario.

RATA TOPO DESNUDA

Las ratas topo desnudas, al igual que los perritos de las praderas, viven en áreas secas y desérticas, pero son tres veces más pequeñas. Miden unos diez centímetros y pueden vivir hasta treinta años.

Construyen redes de galerías y cámaras subterráneas. Viven en familias numerosas (de varias docenas de individuos) organizadas de manera similar a las abejas. Solo una hembra (más grande que las demás) se reproduce, y otras ratas topo se ocupan de las crías, cavan el sistema de los túneles y buscan alimento. A diferencia de los perritos de las praderas, las ratas topo desnudas apenas salen a la superficie.

Su vida transcurre en la oscuridad subterránea, a la que se han adaptado perfectamente. No tienen pelo y son casi ciegas, pero tienen el sentido del olfato y el tacto muy desarrollados. Los grandes incisivos les sirven para cavar túneles. La especie tolera bien el bajo nivel de oxígeno muy frecuente en los pasadizos más profundos. Se mueven ágilmente tanto hacia delante como hacia atrás. El sistema de galerías no les sirve solo de hogar, sino que les lleva también hasta los tubérculos y raíces de los que se alimentan.

FÉNEC

Los fénecs viven en zonas desérticas. En sus madrigueras excavadas en la arena habita toda la familia (los padres e hijos, a menudo también los mayores de la camada anterior). Las cámaras forradas con plantas secas, a veces plumas y pelo, están conectadas por los túneles que conducen a la entrada principal y a unas cuantas salidas de emergencia.

Los fénecs descansan en la madriguera durante el día porque fuera hace calor, y cazan de noche. Les gusta instalarse cerca los unos de los otros, a veces incluso conectan sus madrigueras.

MERIONES MERIDIANUS

Los *Meriones meridianus* viven en grandes colonias bajo tierra. Sus casas son un complejo sistema de largos túneles y cámaras. La entrada suele estar cubierta de arbustos espinosos. Las cámaras de invierno pueden esconderse hasta dos metros bajo tierra. Estos roedores se alimentan de semillas y frutas. Almacenan pequeñas reservas para el invierno.

MUSARAÑA ENANA

Las musarañas enanas suelen habitar las madrigueras excavadas por otros roedores. Se pueden avistar en bosques húmedos, prados o jardines. Están activas todo el año, de día y de noche. Necesitan mucha comida por lo que buscan constantemente insectos y otros invertebrados. Las musarañas defienden ferozmente su territorio contra otros individuos de su especie.

TOPILLO ROJO

Estos roedores excavan redes de túneles con muchas entradas a poca profundidad o bajo musgo y entre la vegetación densa de bajo crecimiento. A menudo colocan sus nidos esféricos revestidos con musgo y pasto en la base de árboles podridos o entre las raíces. Se alimentan de semillas, partes verdes de plantas y tubérculos, o de insectos y larvas. Hacen reservas de semillas para el invierno.

MEMORIAS DEL SUBSUELO

Los topos llevan una vida solitaria. Fuera de la temporada de apareamiento, ahuyentan a otros topos de su territorio. Pueden ocupar áreas enormes, incluso hasta varios miles de metros cuadrados. Prefieren vivir en campos, prados, jardines y bosques caducifolios, donde el suelo es blando y fértil, y donde pueden encontrar gran cantidad de lombrices y otros invertebrados, base de su alimentación. Construyen una compleja red de túneles no muy profundos (de diez a cincuenta centímetros por debajo del suelo). Las hileras de pequeños montículos en la superficie son lugares donde el topo, el dueño del terreno, acumula la tierra de los túneles excavados. Los topos están perfectamente adaptados para pasar casi toda su vida bajo tierra.

RASGOS CARACTERÍSTICOS

Pelo
Corto y suave, crece verticalmente y puede colocarse en cualquier dirección, cosa que permite a que el animal se mueva libremente en los túneles, tanto hacia delante como hacia atrás.

Oído
Es tan fino que el topo puede escuchar a los insectos moverse en la red de los túneles o en la tierra cerca de ellos.

Vibrisas
Le permiten sentir el más mínimo temblor de tierra en su hogar.

Vista
Es su sentido más débil. Los ojos del topo son diminutos, pero pueden distinguir entre la luz y la oscuridad y algunos colores.

Cola
Provista de pelos sensoriales (similares a las vibrisas) que ayudan al topo a sentir lo que sucede detrás de él.

Patas delanteras
Son grandes y anchas, provistas de garras, y constituyen para el topo una herramienta muy importante. Gracias a su fuerza puede cavar las galerías y arrojar la tierra a la superficie.

Órganos de Eimer
Son unos nódulos microscópicos alrededor de las fosas nasales del topo, extremadamente sensibles al tacto y a la más mínima vibración. Le ayudan a encontrar insectos bajo tierra.

Montículo
Se forma cuando el topo expande las galerías y arroja la tierra excavada a la superficie. Dentro de los montículos salen también los conductos de ventilación.

El reino subterráneo del topo consta de una red de túneles (de hasta un kilómetro de longitud) y de varias cámaras. En una de ellas se ubica el nido revestido con hierba seca, musgo y hojas, en el que topo pernocta y la hembra da a luz y cuida de sus crías. Cerca, hay una despensa, donde almacenan lombrices paralizadas pero vivas (¡a veces varios centenares!) como reservas para el invierno o la sequía. Algunas galerías tienen paredes duras y lisas para que el topo puede moverse por ellas con rapidez y patrullar todo su territorio. Los túneles de paredes no alisadas sirven para la caza, allí el topo recoge lombrices y otros invertebrados que llegaron solos o cuya presencia ha sentido u oído, por eso necesita escarbar para llegar a ellos. Los túneles verticales que se abren en los montículos son conductos de ventilación que el topo revisa y desbloquea regularmente.

CONSTRUCCIONES ACUÁTICAS

RANA VOLADORA MALAYA

Construyen sus nidos en un árbol, directamente encima de un cuerpo de agua. Las hembras secretan un líquido que baten para hacer espuma con sus patas traseras. En la bola de espuma ponen huevos. Después de la eclosión, los renacuajos jóvenes caen al agua.

ESPINOSO

Los espinosos elaboran sus nidos en forma de anillo, pegándolos con secreciones de sus riñones a los residuos de plantas. Atraen a las hembras con sus hermosas escamas, y una vez puestos los huevos en el nido, los machos cuidan de ellos y de las crías.

RANA TORO AFRICANA

Los machos de esta especie son cuidadores maravillosos. Las hembras ponen los huevos en estanques cerca de un cuerpo de agua más grande y los dejan al cuidado del macho. Este se pone muy agresivo y defiende los huevos y luego a los renacuajos con determinación. Cuando el nivel del agua baja demasiado en el estanque, los machos cavan con sus patas traseras un canal para conectarse con el cuerpo más grande.

PEZ LUCHADOR DE SIAM

Los peces luchadores macho construyen nidos flotantes de burbujas de aire encerradas en saliva y pegadas entre sí. Cuando las hembras extraen los óvulos, los machos los recogen con cuidado con el hocico (porque la hueva no flota) y los colocan en el nido. Luego cuidan del nido y del alevín.

PHOLAS DÁCTILO

Cuando tienen forma de larvas diminutas, se adhieren a las rocas blandas y, girando el borde reforzado de su caparazón, excavan madrigueras. Las ensanchan y profundizan a medida que crecen. Para alimentarse solo sacan fuera el sifón.

PERIOPHTHALMUS BARBARUS

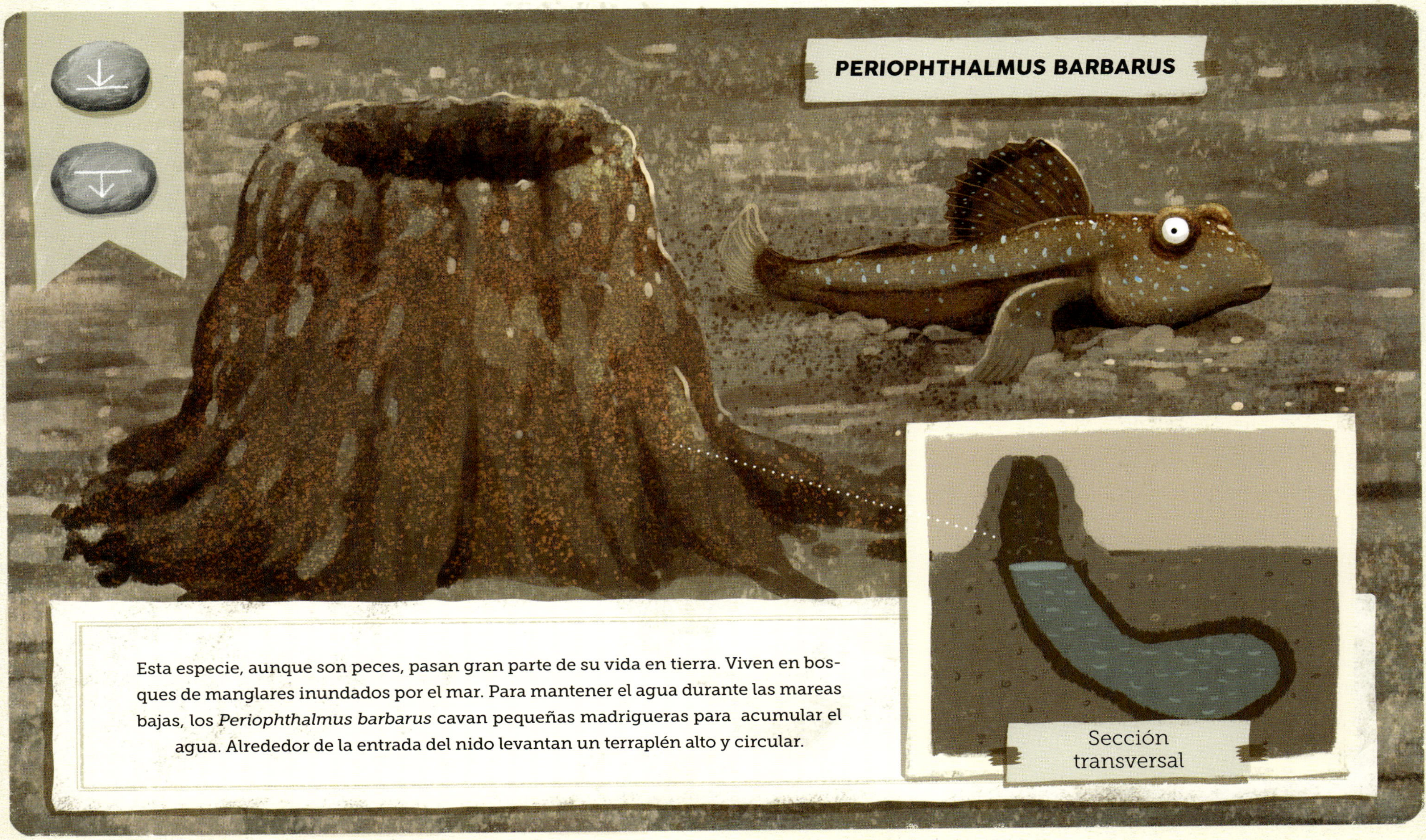

Esta especie, aunque son peces, pasan gran parte de su vida en tierra. Viven en bosques de manglares inundados por el mar. Para mantener el agua durante las mareas bajas, los *Periophthalmus barbarus* cavan pequeñas madrigueras para acumular el agua. Alrededor de la entrada del nido levantan un terraplén alto y circular.

Sección transversal

HINCANDO EL DIENTE

La vida de los castores está estrechamente relacionada con las corrientes. No solo están perfectamente adaptados para funcionar tanto en el agua como en la tierra, sino que también son capaces, gracias a las extraordinarias habilidades de constructor, de adaptar el entorno a sus necesidades. El principal material que utilizan para la construcción son los árboles. Los talan sin ningún problema gracias a los cuatro incisivos afilados como navajas que les crecen a lo largo de su vida, y de tanto roer madera se desgastan más en la parte posterior, formando así en la parte frontal del diente un borde agudo.

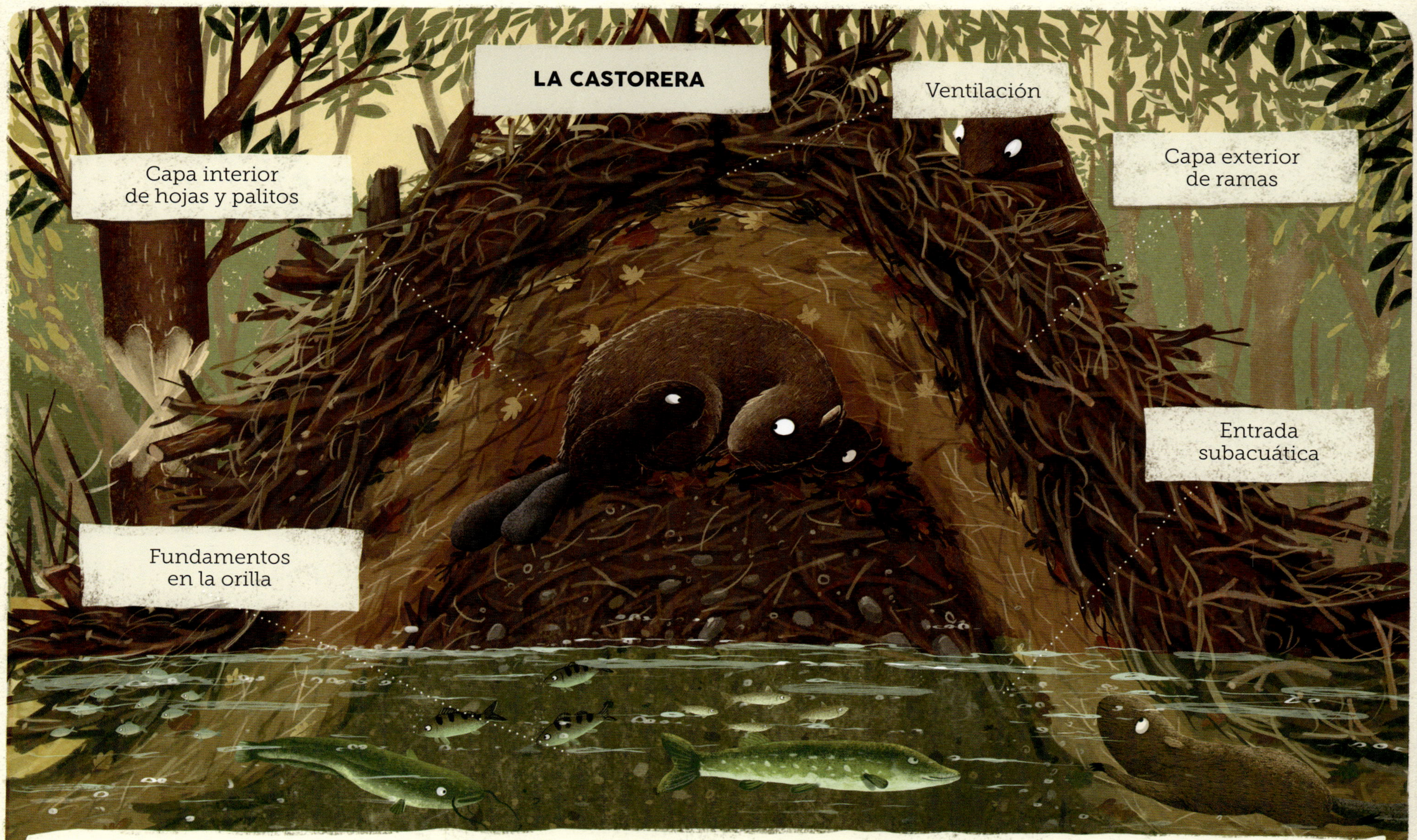

LA CASTORERA

- Capa interior de hojas y palitos
- Ventilación
- Capa exterior de ramas
- Entrada subacuática
- Fundamentos en la orilla

Las castoreras brindan a sus inquilinos un refugio seguro contra los depredadores y contra el frío o el calor. Comienzan la construcción eligiendo el lugar adecuado. Si encuentran un banco empinado sobre una laguna, cavan en él hoyos con pasillos largos y entradas submarinas. Si el terreno es plano, eligen una isla, una península o una parte más alta de la costa y construyen su hogar de ramas allí.

Sobre la futura cámara habitable, colocan una cúpula de ramas, palos, juncos, fango y césped. Revisten el interior con plantas secas y virutas de madera. La cámara está conectada por uno o varios túneles con una entrada submarina, y, encima de esta, hay un conducto de ventilación hecho de ramitas dispuestas sin apretar. Una castorera arreglada y reforzada constantemente puede servir a muchas generaciones.

Nido debajo de un árbol

DIQUES

Vista de lado

Para adaptar un nuevo lugar para convertirlo en su vivienda, los castores construyen un dique en el río o un arroyo. En el sitio escogido, clavan pilas verticales en el fondo, luego colocan ramas y piedras verticalmente sobre ellas. Sellan la estructura con limo, plantas acuáticas y parches de césped. A los lados del dique dejan fragmentos más bajos por donde se escurre el exceso de agua. El estanque creado de esta manera proporciona refugio y un lugar para almacenar alimentos a muchas generaciones de castores. También crecen allí plantas acuáticas que sirven de alimento y viven muchos otros animales. Es un suministro de agua para toda la zona.

DESPENSAS

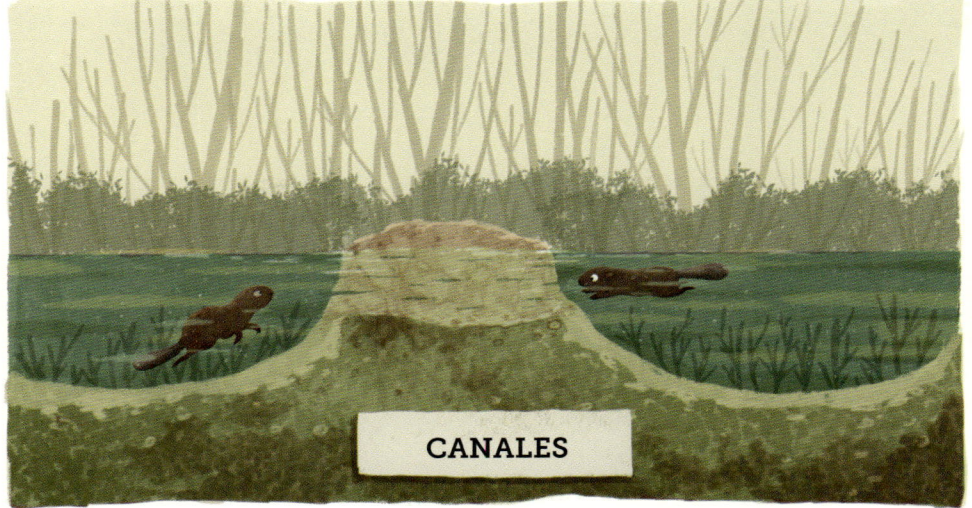

CANALES

En otoño, los castores forman despensas submarinas con reservas para el invierno. En la parte profunda del estanque clavan las ramas de sus árboles favoritos y hunden entre ellas los rizomas de plantas comestibles.

Para facilitar la comunicación o el transporte de árboles entre los cuerpos de agua, los castores construyen los canales que les permiten moverse con seguridad y facilidad.

MANJARES DE LOS CASTORES

Abedul · Álamo temblón · Sauce · Avellano · Álamo · Rizomas

CASAS A DISPOSICIÓN

Las personas ocupamos una gran parte de la Tierra para satisfacer nuestras necesidades. Algunos animales empezaron a vivir con nosotros como resultado del proceso de domesticación. Debemos cuidarlos, asegurarles comida y un refugio adecuados, espacio y libertad para correr y conocer otros animales; es lo que necesitan para su bienestar. También es necesario cuidar de los animales salvajes como zorros, erizos, ardillas, pájaros e insectos que siguen viviendo cerca de las ciudades y pueblos, en nuestros parques, jardines y céspedes. Es conveniente alimentarlos en invierno, construir para ellos unos refugios seguros que no destruyan el medio ambiente, encajen en el paisaje y permitan que los animales los utilicen de manera acorde con sus necesidades y posibilidades naturales. Aquí podéis ver algunos ejemplos de dichas construcciones.

Caja nido

Comedero

Establo

Gallinero

Refugio para insectos

Colmena

Refugio para erizos

Casa para gatos ferales

Despensa para ardillas

Caja para murciélagos

CASAS PROVISIONALES

CAPULLOS

Lombriz — Araña tigre — Mantodeos

Muchos invertebrados proporcionan un lugar seguro para los huevos que ponen hasta que eclosionan. El capullo puede ser uno de estos «hogares temporales». Lo forma la hembra con una glándula especial, y tiene la forma de una cáscara coriácea. Aísla los huevos del entorno y los protege de condiciones ambientales desfavorables, de depredadores y de hongos. El capullo también sirve a menudo como el primer alimento para las crías.

CRISÁLIDAS

Brenthis daphne  — Macaón

Mariposa de la col  — *Wockia*  — Gusano de seda  — Las fases del desarrollo de una mariposa

El ciclo de desarrollo de las mariposas es uno de los más espectaculares de la naturaleza. La mariposa pasa una metamorfosis completa. De un huevo diminuto nace una larva, luego crece, se convierte en crisálida y finalmente en una hermosa mariposa. La transformación que tiene lugar en la crisálida es sumamente interesante. El caparazón a veces está cubierto con una especie de «casa provisional» adicional como, por ejemplo, una canasta especial en el caso del género *Wockia* o un extenso filamento en el caso del gusano de seda. En su interior, la larva se convierte en una mariposa que, cuando madure, saldrá por sí sola al exterior.

PARÁSITOS

Agallas de los robles

Larvas *Leucochloridium* en las antenas de un caracol.

Cotesia glomerata y pupas encima de una larva

Los parásitos se desarrollan utilizando los recursos de otro organismo (vegetal o animal) para hacer crecer a sus crías. Las avispas gallaritas, al poner huevos, inyectan una sustancia en la hoja que hace que crezcan agallas que protegerán y nutrirán a sus larvas. A su vez, el caracol es un huésped intermedio de los trematodos *Leucochloridium*. Cuando el caracol se come su huevo, una vez nacida la larva, crece luego en los órganos internos del caracol y produce muchas larvas de la siguiente etapa de desarrollo, que llegan a las antenas del caracol y pulsan rítmicamente para hacerse pasar por orugas. Atraen así a las aves que se las comen, y los trematodos terminan de madurar en su tracto gastrointestinal. El delicado *Cotesia glomerata* pone huevos en el cuerpo de las orugas de mariposa. Las larvas se comen a su huésped y salen al exterior para completar su desarrollo.

FRUTA

Carpocapsa

Rhagoletis cerasi

Drosophila suzuki

Las frutas son un bocado atractivo no solo para las personas. Son un hogar perfecto para las larvas de muchos insectos, para desesperación de los fruticultores. La pulpa suave y dulce no solo es sabrosa y nutritiva, sino que también protege contra los depredadores y de los cambios atmosféricos.

FUENTE DE INSPIRACIÓN

Las personas siempre han observado con atención la naturaleza y sus mecanismos: la anatomía y el comportamiento de los animales o sus construcciones prodigiosas. La naturaleza es un tesoro de grandes ideas. El uso de soluciones creadas en la naturaleza por los humanos se llama la biónica. Aquí mostramos algunos ejemplos de los edificios inspirados en las construcciones animales.

Eastgate Center es un edificio de oficinas y centro comercial en Harare (Zimbabue) diseñado por Mick Pearce. La construcción, ordinaria a primera vista, se distingue por el sistema de ventilación natural inspirado en las termiteras. Durante el día, el edificio almacena calor y, por la noche, cuando la temperatura baja, el aire caliente sale al exterior a través de unas chimeneas.

El Estadio Nacional de Pekín (cocreado por el estudio suizo Herzog & de Meuron y el artista chino Ai Weiwei) se llama Bird's Nest, nido del ave, por una buena razón. La forma de esta instalación recuerda a las casas de nuestros amigos alados.

Al salir de un túnel, los trenes superrápidos solían hacer un gran estruendo. Los ingenieros japoneses del Shinkansen resolvieron este problema inspirándose en la forma del pico del martín pescador común. Esta ave bucea en el agua casi sin hacer ruido. Ahora, los trenes Shinkansen tienen la parte delantera parecida a un pico y atraviesan túneles de manera igual de silenciosa.

Las casas construidas con barro y paja probablemente están inspiradas en estructuras hechas por animales. ¿Cuáles? Por ejemplo, las golondrinas, que dominaron a la perfección la construcción de nidos de lodo, saliva y finas briznas de hierba.

Un panal de abejas firmado por cámaras hexagonales es un ejemplo de cómo se puede obtener una estructura extremadamente fuerte a partir de una pequeña cantidad de material de construcción. Las personas utilizan con éxito el descubrimiento abejero para endurecer paneles o puertas.

BAJO EL MISMO TECHO

MOSCA

TIJERETA

MOSQUITO

MARIQUITA

ÁCAROS DEL POLVO

POLILLA DE LA HARINA

TEGENARIA DOMESTICA

¿Te has preguntado alguna vez cuántas criaturas viven contigo bajo el mismo techo? No me refiero a un gato, un perro o una cobaya, sino a otros inquilinos, de cuya presencia probablemente no siempre seamos conscientes... Mira detrás de los muebles o en las esquinas, echa un vistazo al desván o diferentes estanterías. Tal vez te topes con una avispa, una mosca, una polilla, una tijereta o un ratón. No podemos verlos todos a simple vista; los ácaros, por ejemplo, solo son visibles bajo un microscopio. Aunque no estemos contentos con su presencia, merece la pena observarlos.

POLILLA

CUCARACHA RUBIA

VENCEJO COMÚN

HORMIGA FARAÓN

RATÓN

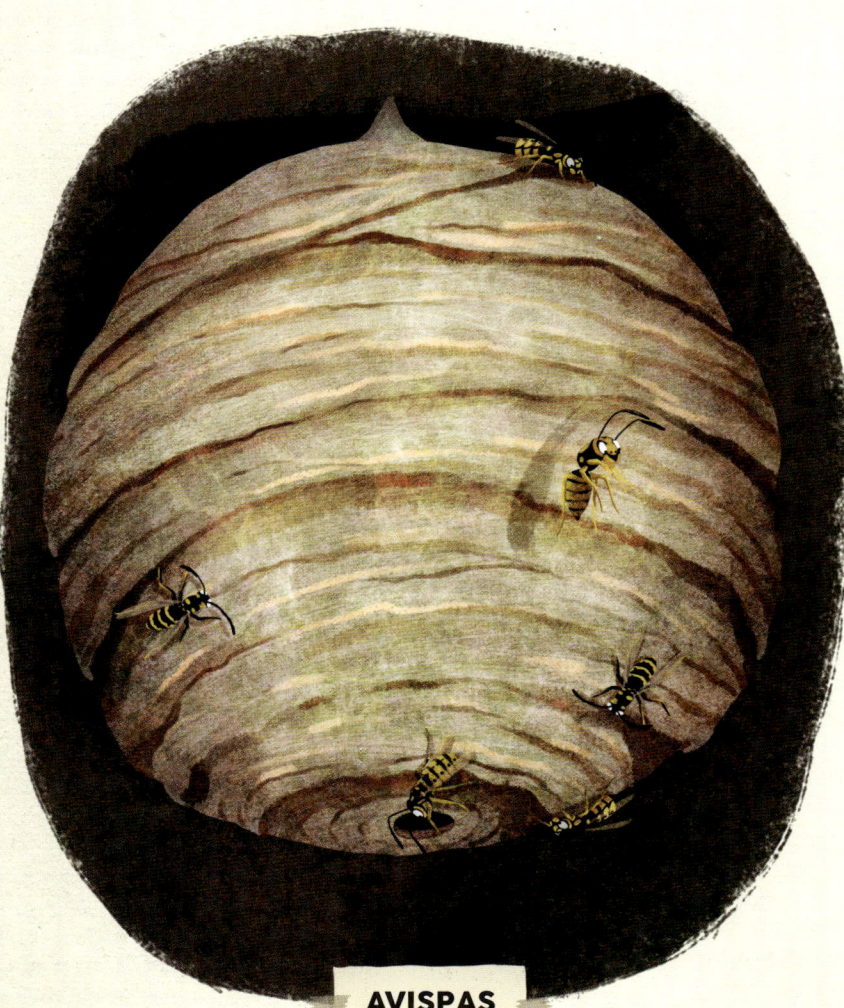
AVISPAS

GATO

¿QUIÉN VIVE EN EL BOSQUE?

- Entrada
- Interior de la guarida

TEJONERA

- Sección transversal
- Entrada

ZORRERA

ESCONDITE HÚMEDO

OSERA

En este libro mostramos ejemplos de casas y construcciones de animales extraordinarios de todo el mundo. Sin embargo, cerca de nosotros hay bosques habitados por muchos animales que conocemos bien. ¿Has oído hablar de una osera, la residencia de invierno de un oso, o de la cama del jabalí? ¿Has visto a las ardillas recolectando reservas o has divisado la entrada de una zorrera escondida en las raíces de un árbol? Cuando pasees por el bosque, recuerda que estás allí de visita. No hagas ruido, no tires basura, no violes la paz de sus habitantes. Trata este hogar de muchos animales con respeto y déjalo tal como lo encontraste.

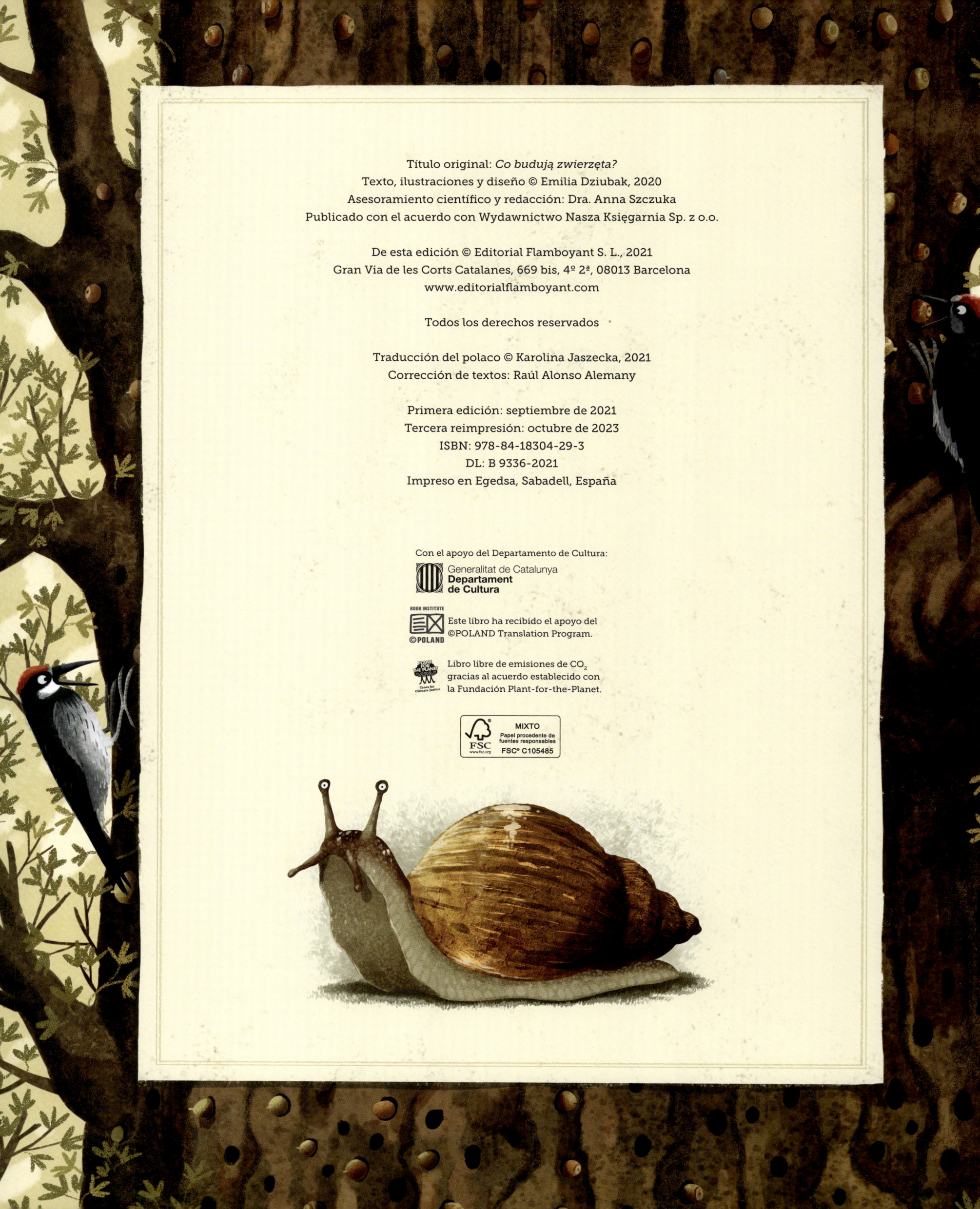

Título original: *Co budują zwierzęta?*
Texto, ilustraciones y diseño © Emilia Dziubak, 2020
Asesoramiento científico y redacción: Dra. Anna Szczuka
Publicado con el acuerdo con Wydawnictwo Nasza Księgarnia Sp. z o.o.

De esta edición © Editorial Flamboyant S. L., 2021
Gran Via de les Corts Catalanes, 669 bis, 4º 2ª, 08013 Barcelona
www.editorialflamboyant.com

Todos los derechos reservados

Traducción del polaco © Karolina Jaszecka, 2021
Corrección de textos: Raúl Alonso Alemany

Primera edición: septiembre de 2021
Tercera reimpresión: octubre de 2023
ISBN: 978-84-18304-29-3
DL: B 9336-2021
Impreso en Egedsa, Sabadell, España

Con el apoyo del Departamento de Cultura:
Generalitat de Catalunya
Departament de Cultura

Este libro ha recibido el apoyo del ©POLAND Translation Program.

Libro libre de emisiones de CO_2 gracias al acuerdo establecido con la Fundación Plant-for-the-Planet.

MIXTO
Papel procedente de fuentes responsables
FSC® C105485